Titelrezept

Gemischte Pilzpfanne

500 g gemischte Pilze (Champignons, Pfifferlinge, Steinpilze, Austernpilze)
4–5 Frühlingszwiebeln
½ Bund glatte Petersilie
2 EL Speiseöl
Salz
frisch gemahlener Pfeffer

Zubereitungszeit: 20 Minuten

Pro Portion:
E: 4 g, F: 5 g, Kh: 3 g,
kJ: 307, kcal: 73

1 Pilze putzen und mit Küchenpapier abreiben. Große Pilze halbieren oder vierteln. Frühlingszwiebeln putzen, abspülen und in feine Ringe schneiden. Petersilie abspülen, trockentupfen, die Blättchen von den Stängeln zupfen und fein hacken.

2 Öl in einer großen Pfanne oder einem Wok erhitzen. Pilze und Frühlingszwiebeln darin kräftig anbraten, anschließend mit Salz und Pfeffer würzen und 2–3 Minuten dünsten.

3 Petersilie dazugeben, mit der Pilzpfanne vermischen und servieren.

Tipp: *Geben Sie vor dem Braten der Pilze 100 g in Würfel geschnittenen Bacon (Frühstücksspeck) in die Pfanne und braten Sie ihn knusprig. Die Pilzpfanne schmeckt gut als Beilage zu Kurzgebratenem oder Rührei.*

Dr. Oetker

Pilze

Dr. Oetker Verlag

Vorwort

Pilzsaison ist das ganze Jahr.

Und dafür müssen Sie nicht erst in den Wald gehen, denn in diesem Kochbuch finden Sie leckere, einfallsreiche Rezepte für alle Pilzsorten, die gut im Handel erhältlich sind.

Champignons, Steinpilze, Pfifferlinge, Austernpilze, Shiitakepilze oder auch getrocknete Pilze und solche aus der Dose – bei dieser Rezeptvielfalt finden Sie immer das passende Rezept für jeden Geschmack und jeden Anlass.

Mit den Kapiteln Vorspeisen & Snacks, Suppen & Eintöpfe, Salate und Gerichte mit Fleisch, mit Fisch und vegetarisch können Sie nach Belieben ganze Pilzmenüs zusammenstellen.

Versuchen Sie doch einmal die trendigen Pilz-Wraps, den deftigen Hack-Kartoffel-Topf mit Pfifferlingen, den knackigen Blattsalat mit Parmesanpilzen oder zartes Lamm mit gemischten Pilzen aus dem Wok.

An diese Rezepte wagt man sich gern, denn alle sind von Dr. Oetker ausprobiert und so beschrieben, dass sie garantiert gelingen.

Einführung

Zubereitungszeiten

Die Zubereitungszeit beinhaltet nur die Zeit für die eigentliche Zubereitung, Gar- und Backzeiten als Wartezeiten sind gesondert ausgewiesen. Längere Wartezeiten, z. B. Kühl- und Auftauzeiten, sind nicht mit einbezogen.

Die Rezepte sind, wenn nicht anders angegeben, für 4 Personen berechnet.

In diesem Buch finden Sie Rezepte zu den im Handel gut erhältlichen Speisepilzen und getrockneten Pilzen wie Champignons, Pfifferlingen, Steinpilzen, Austernpilzen, Shiitakepilzen und einigen chinesischen Trockenpilzen.

Worauf sie beim Einkauf achten sollten:

Achten Sie unbedingt auf die Frische! Frische Pilze sollten prall und saftig aussehen, aber nicht überreif sein. Das Fleisch ist fest und nicht verfärbt, nicht weich, fleckig oder ausgetrocknet. Trockene Stielenden zeigen, dass die Pilze schon längere Zeit lagern. Die Hüte sollten ungeöffnet und unbeschädigt sein, ebenso die Lamellen. Außerdem müssen die Pilze frei von Maden sein. Berücksichtigen Sie beim Transport, dass Pilze empfindlich sind. Pilze in Folie sollten Sie nach dem Kauf sofort öffnen und rasch verbrauchen. Kulturpilze, die in Zuchthallen angebaut werden, sind das ganze Jahr über erhältlich. Wild-, bzw. Freilandpilze gibt es entsprechend ihren Wachstumszeiten zu kaufen, diese liegen meist in den Sommer- und Herbstmonaten.

Reinigen der Pilze

Zuchtpilze sind in der Regel kaum verschmutzt. Da sich Pilze schnell mit Wasser vollsaugen und dadurch ihr Aroma verlieren, ist es am besten, sie nur mit Küchenpapier von Erd- oder Substratresten zu reinigen und allenfalls ganz kurz unter fließendes Wasser zu halten. Die Pilzstiele können Sie problemlos mitverwerten, sofern sie nicht ausgetrocknet sind. Vertrocknete oder verschmutzte Enden schneiden Sie sparsam ab. Die Pilzhüte müssen nicht geschält werden.

Lagerung

Frische Speisepilze verderben rasch und müssen möglichst bald verzehrt werden. Speisepilze sollten nicht in der Folie gelagert werden, sie sollten nach Möglichkeit ausgepackt nebeneinander auf einem Blech im Kühlschrank liegen. Sie können dann mit einem feuchten Tuch abgedeckt werden. So lassen sich makellose, gesunde, madenfreie Pilze 2–3 Tage im Kühlschrank aufbewahren.

Darf man Pilze aufwärmen?

Früher wurde empfohlen, Reste von Pilzgerichten wegzuwerfen und keinesfalls wieder aufzuwärmen. Man nahm an, aufgewärmte Pilzspeisen könnten giftig wirken. Das trifft nicht zu! Ohne weiteres können Reste von Pilzgerichten aufgewärmt werden, wenn sie nach der Zubereitung rasch abgekühlt und bei 2–6 °C aufbewahrt werden. Beim Wiedererwärmen ist auf eine Mindesttemperatur von 70 °C zu achten.

Trockenpilze, getrocknete Pilze

Getrocknete Speisepilze dürfen nach der Trocknung maximal 12 % Wasser enthalten. Viele Pilze (beispielsweise Champignons oder Steinpilze) werden vor der Trocknung in Scheiben geschnitten. Dies hat zur Folge, dass sich die Trockenzeit erheblich verkürzt. Steinpilze und chinesische Pilzmischungen sind besonders gut erhältlich. Trockenpilze eignen sich hervorragend zur Zubereitung von Suppen, Saucen und Fleischkrusten. Einige getrocknete Pilze haben einen grauen Belag. Dieser stammt meist von auskristallisierten Mineralstoffen und ist dann unbedenklich. Wenn die Trockenpilze aber einen muffigen, stumpfen oder schimmeligen Geruch haben, sind sie verdorben und dürfen nicht verarbeitet werden. Einwandfreie, essbare Trockenpilze bezieht man direkt von Züchtern, von kontrollierten Händlern bzw. Fachgeschäften oder von sachkundigen Sammlern.

Lagerung

Getrocknete Pilze sollten dunkel, trocken und bei niedriger Luftfeuchtigkeit gelagert werden. Am besten werden sie lose in Vakuumbeuteln gelagert. Im Allgemeinen sollten getrocknete Pilze auch bei idealer Lagerung nur bis zur nächsten Pilzsaison aufbewahrt werden.

Verarbeitung

Vor der Verarbeitung lässt man Trockenpilze in Wasser aufquellen. In der Regel werden Trockenpilze vor dem Trocknen nicht geputzt. Somit haftet mitunter noch Schmutz an ihnen. Dieser bleibt für gewöhnlich im Einweichwasser zurück. Da darin aber auch viele geschmacksgebende Stoffe der Pilze gelöst sind, empfiehlt es sich, das Wasser weiter zu verwenden. Um die unerwünschten Schmutzpartikel zu entfernen genügt es, das Einweichwasser durch ein Tuch zu passieren. Trockenpilze sollten vollständig durchgegart werden, um das Risiko einer Salmonellenvergiftung zu minimieren. Nach dem Quellvorgang sind die Pilze um ein Vielfaches größer als vorher. Das Pilzfleisch sollte dann weich und elastisch, aber keinesfalls schleimig sein.

Abkürzungen

EL = Esslöffel
TL = Teelöffel
Msp. = Messerspitze
Pck. = Packung/Päckchen
g = Gramm
kg = Kilogramm
ml = Milliliter
l = Liter
Min. = Minuten
Std. = Stunden
evtl. = eventuell
geh. = gehäuft
gestr. = gestrichen
TK = Tiefkühlprodukt
°C = Grad Celsius
E = Eiweiß
F = Fett
Kh = Kohlenhydrate
kcal = Kilokalorien
kJ = Kilojoule

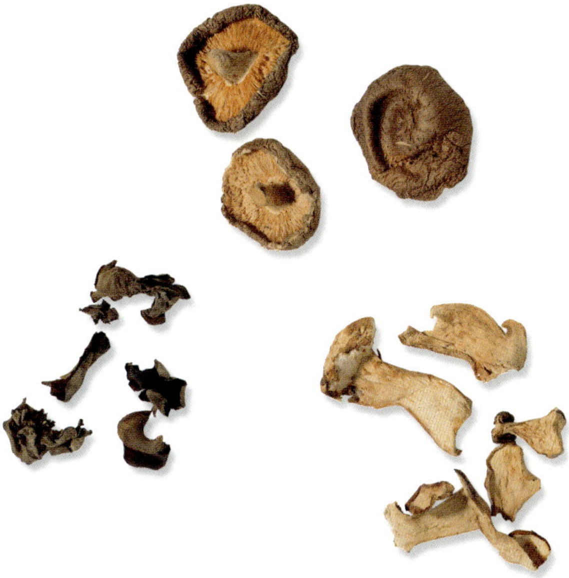

Vorspeisen und Snacks

Kleine feine Köstlichkeiten für vorneweg und zwischendurch.

Gyros-Pilz-Taschen

200 g Pfifferlinge
100 g Champignons
1 kleine rote Paprikaschote (etwa 100 g)
1 kleine Stange Porree (Lauch, etwa 200 g)
250 g Schweinenackensteak (ohne Knochen)
2 EL Speiseöl
Salz
frisch gemahlener Pfeffer
Gyros-Gewürz

Für die Sauce:
½ Bund Petersilie
150 g Schmand oder saure Sahne
150 g Naturjoghurt
1 kleine Knoblauchzehe

1 Pck. (400 g) Pita-Brottaschen

Zubereitungszeit: 40 Minuten

Pro Portion:
E: 24 g, F: 22 g, Kh: 55 g, kJ: 2160, kcal: 517

1 Pilze putzen und mit Küchenpapier abreiben. Große Pilze evtl. klein schneiden. Paprika entstielen, entkernen und weiße Scheidewände entfernen. Paprika abspülen und in feine Streifen schneiden.

2 Porree putzen, die Stange längs halbieren, waschen und in Streifen schneiden. Fleisch unter fließendem kalten Wasser abspülen, trockentupfen und in feine Streifen schneiden.

3 1 Esslöffel von dem Öl in einer Pfanne erhitzen. Fleisch darin anbraten, mit Salz, Pfeffer und Gyros-Gewürz würzen und herausnehmen.

4 Restliches Öl in die Pfanne geben und die Pilze darin anbraten. Paprika und Porree dazugeben. Alles würzen und unter Wenden 3–5 Minuten braten. Gemüse mit Gyros-Gewürz abschmecken. Fleisch wieder dazugeben und untermischen.

5 Für die Sauce Petersilie abspülen, trockentupfen, Blättchen von den Stängeln zupfen, fein hacken und mit Schmand oder saurer Sahne, Joghurt, Salz und Pfeffer verrühren. Knoblauch abziehen, durch eine Knoblauchpresse drücken und dazugeben.

6 Pita-Brottaschen nach Packungsanleitung aufbacken. Gyros-Pilz-Mischung einfüllen und mit der Kräuter-Schmand-Sauce anrichten.

Champignonhüte provenzalisch

16 mittelgroße Champignons
2 Knoblauchzehen
einige Rosmarinnadeln
2-3 Thymianstängel
5 Salbeiblätter
1 Lorbeerblatt
6 EL Sonnenblumenöl

Zubereitungszeit: 25 Minuten

Pro Portion:
E: 1 g, F: 18 g, Kh: 1 g,
kJ: 750, kcal: 179

1 Champignons putzen und mit Küchenpapier abreiben. Die Stiele herausdrehen. Knoblauch abziehen und fein würfeln. Rosmarin, Thymian und Salbei abspülen, trockentupfen und fein hacken. Lorbeerblatt zerreiben. Sonnenblumenöl mit Knoblauch, Rosmarinnadeln, Thymianblättchen, Salbeiblättern und dem Lorbeerblatt verrühren.

2 Champignonhüte innen und außen mit der Ölmischung bestreichen, mit der Unterseite nach oben auf den heißen Grillrost legen und 2–3 Minuten grillen, dann wenden, nochmals mit der Ölmischung bestreichen und weitere 2–3 Minuten grillen.

Tipp: *Dazu schmeckt Baguette. Statt der Champignons können auch Steinpilze oder Austernpilze genommen werden.*

Abwandlung: *Mit der gleichen Marinade können Sie auch Zucchini und Auberginen marinieren. Dazu je eine Zucchini oder Aubergine waschen, längs in Scheiben schneiden (evtl. mit der Aufschnittmaschine), mit der Marinade bestreichen und 2–3 Stunden marinieren.*

Tomaten mit Champignonfüllung

12 mittelgroße Tomaten

Für die Füllung:
1 große Zwiebel
3 EL Speiseöl
400 g kleine Champignons
1 gestr. EL Weizenmehl
1 Eigelb (Größe M)
1 EL gehackte Petersilie
Salz
frisch gemahlener Pfeffer
2 EL zerbröseltes Weißbrot oder Semmelbrösel
1 EL geriebener Parmesankäse
einige Butterflöckchen

Zubereitungszeit: 45 Minuten
Garzeit: 25–30 Minuten

Pro Stück:
E: 8 g, F: 15 g, Kh: 11 g, kJ: 884, kcal: 211

1 Tomaten waschen, trockentupfen, die Deckel abschneiden und das Innere mit einem kleinen Löffel aushöhlen. Die Tomaten auf Küchenpapier abtropfen lassen und mit der Öffnung nach oben in eine gefettete Auflaufform setzen.

2 Für die Füllung Zwiebel abziehen und fein würfeln. Öl erhitzen und Zwiebelwürfel darin glasig dünsten.

3 Champignons putzen und mit Küchenpapier abreiben. Champignons in dünne Scheiben schneiden, zu den Zwiebelwürfeln geben und etwa 5 Minuten mitdünsten lassen.

4 Mehl darüber stäuben, unterrühren und das Gemüse weiter dünsten lassen. Dann Eigelb verrühren, mit Petersilie unter die Pilze rühren und die Masse mit Salz und Pfeffer würzen.

5 Die Pilzmasse in die ausgehöhlten Tomaten füllen und die Tomaten wieder in die Auflaufform stellen. Weißbrot- oder Semmelbrösel mit Parmesan vermischen und über die Tomaten streuen. Butterflöckchen darauf setzen. Die Form auf dem Rost in den Backofen schieben.

Ober-/Unterhitze: etwa 200 °C (vorgeheizt)
Heißluft: etwa 180 °C (vorgeheizt)
Gas: Stufe 3–4 (vorgeheizt)
Garzeit: 25–30 Minuten.

Raffiniert

Pilz-Bruschetta

200 g frische Steinpilze (ersatzweise Pfifferlinge oder braune Champignons)
1 Schalotte
20 g getrocknete Tomaten
8 Scheiben Ciabatta (italienisches Weizenbrot) oder Baguette
2 EL Speiseöl
etwas frischer oder ½ TL getrockneter Majoran
125 ml (⅛ l) trockener Weißwein
50 ml Schlagsahne
Salz, frisch gemahlener Pfeffer

Zubereitungszeit: 30 Minuten

Pro Portion:
E: 3 g, F: 9 g, Kh: 3 g, kJ: 542, kcal: 129

1 Steinpilze putzen und mit Küchenpapier abreiben. Pilze in feine Stücke schneiden. Schalotte abziehen und in Würfel schneiden. Tomaten in feine Streifen schneiden. Brotscheiben in einer Pfanne anrösten oder toasten.

2 Öl in einer Pfanne erhitzen. Schalotte, Majoran und Pilze in die Pfanne geben und anbraten. Getrocknete Tomaten dazugeben, kurz mit andünsten und dann Wein und Sahne dazugießen. Alles etwa 10 Minuten unter Wenden dünsten, bis die meiste Flüssigkeit verdampft ist und mit Salz und Pfeffer abschmecken.

3 Tomaten-Steinpilz-Gemisch etwas abkühlen lassen, auf die knusprigen Brotscheiben verteilen und sofort 2 Scheiben pro Person servieren.

Schnell

Gebratene Steinpilze

400 g mittelgroße Steinpilze
2–3 Tomaten
1 Knoblauchzehe, 80 g Butter
Salz, frisch gemahlener Pfeffer
1 EL gehackte Petersilie

1 Steinpilze putzen und mit Küchenpapier abreiben, anschließend in Scheiben schneiden. Tomaten waschen, halbieren, Stängelansätze herausschneiden und die Tomaten in Würfel schneiden. Knoblauch abziehen und durch eine Knoblauchpresse drücken. *(Fortsetzung Seite 16)*

Zubereitungszeit: 20 Minuten

Pro Portion:
E: 2 g, F: 17 g, Kh: 4 g,
kJ: 766, kcal: 183

2 Butter erhitzen, Pilzscheiben darin braten und mit Salz und Pfeffer würzen. Pilze herausnehmen und auf vorgewärmten Tellern anrichten. Im verbleibenden Fett Tomatenwürfel, Knoblauch und Petersilie andünsten, mit Salz und Pfeffer abschmecken und über die Pilze geben.

Beilage: *Baguette.*

Gelingt leicht

Bunte Champignonspieße

6 Stück

3 Thüringer Bratwürste
600 g kleine Champignons
oder 1 Glas ganze Champignons
(Abtropfgewicht 420 g)
225 g durchwachsener geräucherter Speck
2 EL Zitronensaft
5 EL Speiseöl
Salz
frisch gemahlener Pfeffer
Paprikapulver edelsüß

Außerdem:
6 Holzspieße

Zubereitungszeit: 30 Minuten

Pro Stück:
E: 27 g, F: 35 g, Kh: 2 g,
kJ: 1920, kcal: 459

1 Die Bratwürste in etwa 2 cm dicke Stücke schneiden. Champignons putzen oder in einem Sieb abtropfen lassen. Speck in Scheiben schneiden. Wurst, Champignons und Speck abwechselnd auf 6 Holzspieße stecken.

2 Zitronensaft mit Öl, Salz, Pfeffer und Paprika verrühren und die Spieße damit bestreichen. Die Spieße auf ein Backblech legen und unter dem vorgeheizten Backofengrill oder auf einem Holzkohlegrill etwa 10 Minuten grillen, dabei zwischendurch wenden.

Tipp: *Sie können evtl. einige Lorbeerblätter mit aufspießen und vor dem Verzehr entfernen.*

Beilage: *Zu den Spießen schmeckt Champignonbutter. Dazu 3 Champignons von den Spießen zurücklassen und in sehr feine Würfel schneiden. 1 Zwiebel abziehen und sehr fein würfeln. 1 Teelöffel Butter in einem Topf zerlassen, Champignon- und Zwiebelwürfel darin andünsten und erkalten lassen. Die Champignon- und Zwiebelwürfel mit 1 Teelöffel Zitronensaft beträufeln, 100 g Butter mit der Masse vermischen, salzen und pfeffern.*

Champignongemüse mit Rauke

4 Zwiebeln
1-2 Knoblauchzehen
500 g braune Champignons
300 g weiße Champignons
1 EL Olivenöl
Salz
frisch gemahlener Pfeffer
1 TL Weizenmehl
50 g abgezogene, gemahlene Mandeln
200 ml Schlagsahne
1 kleines Bund Rauke (Rucola)

Zubereitungszeit: 45 Minuten

Pro Portion:
E: 9 g, F: 26 g, Kh: 9 g,
kJ: 1338, kcal: 319

1 Zwiebeln und Knoblauch abziehen. Zwiebeln in dünne Spalten, Knoblauch in dünne Scheiben schneiden. Beide Champignonsorten putzen, mit Küchenpapier abreiben und je nach Größe halbieren oder vierteln.

2 Öl in einer großen Pfanne erhitzen, Zwiebeln und Knoblauch darin glasig dünsten. Pilze portionsweise dazugeben, anbraten und mit Salz und Pfeffer würzen. Mehl und Mandeln darüber streuen und kurz mitdünsten. Sahne dazugießen, aufkochen lassen und alles zugedeckt 8–10 Minuten köcheln lassen.

3 In der Zwischenzeit Rauke putzen, waschen, trockentupfen und klein schneiden. Das Champignongemüse mit Salz und Pfeffer abschmecken. Rauke unterheben und sofort servieren.

Tipp: *Das Champignongemüse als Vorspeise auf Toast oder als Beilage zu kurz gebratenem Fleisch servieren. Für einen fleischlosen Snack Kartoffelpuffer dazu reichen.*

Pastetchen mit Champignonfüllung

4 fertige Blätterteigpasteten
1 Dose kleine ganze Champignons (Abtropfgewicht 425 g)
50 g Butter
20 g Weizenmehl
250 ml (¼ l) Schlagsahne
Salz
frisch gemahlener Pfeffer
Paprikapulver edelsüß
½ Pck. TK-Kräutermischung

Zubereitungszeit: 25 Minuten

Pro Stück:
E: 6 g, F: 40 g, Kh: 18 g, kJ: 1940, kcal: 462

1 Blätterteigpasteten nach Packungsanleitung im Backofen kurz erwärmen. Champignons in einem Sieb abtropfen lassen.

2 In der Zwischenzeit Butter zerlassen. Mehl unter Rühren darin hellgelb dünsten. Sahne nach und nach hinzugießen und mit einem Schneebesen durchschlagen, dabei darauf achten, dass keine Klümpchen entstehen. Die Sauce zum Kochen bringen und bei schwacher Hitze etwa 5 Minuten köcheln lassen.

3 Die Sauce mit Salz, Pfeffer und Paprikapulver würzen. Champignons und Kräuter unterrühren, die Masse in die Pasteten füllen und sofort servieren.

Beilage: *Dazu Salat und evtl. Reis servieren.*

Abwandlung: *Sie können zusätzlich 100 g gekochten Schinken fein würfeln, in der Sauce erwärmen und die Sauce mit einem Schuss Sherry abschmecken.*

Tipp: *Reicht für 2 Personen als Sattmacher oder für 4 Personen als Snack oder Vorspeise. Wenn Sie frische Champignons verwenden möchten, diese putzen, mit Küchenpapier abreiben und vierteln. 1 Zwiebel abziehen, würfeln und in 2 Esslöffeln Butter andünsten. Die Champignons hinzufügen, 3–5 Minuten mitdünsten lassen und in die Sauce geben.*

Mini-Pilz-Calzone

etwa 18 Stück

Für den Hefeteig:
400 g Weizenmehl
1 Pck. (42 g) frische Hefe
½ TL Zucker
250 ml (¼ l) warmes Wasser
2 gestr. TL Salz
4 EL Olivenöl

Für die Füllung:
1 Bund Frühlingszwiebeln
3 große Tomaten
250 g Champignons
250 g Austernpilze
1 Bund Petersilie
3 Knoblauchzehen
150 g Parmesankäse
Salz
frisch gemahlener schwarzer Pfeffer

Zum Bestreichen:
2 Eigelb
2 EL Olivenöl

Zubereitungszeit: 40 Minuten, ohne Teiggehzeit
Backzeit: etwa 25 Minuten je Backblech

Pro Stück:
E: 7 g, F: 8 g, Kh: 18 g, kJ: 689, kcal: 165

1 Für den Teig Mehl in eine Rührschüssel sieben. In die Mitte eine Vertiefung eindrücken und die Hefe hineinbröckeln. Zucker und 4 Esslöffel von dem Wasser in die Mulde geben, mit der Hefe und etwas Mehl verrühren und etwa 10 Minuten stehen lassen.

2 Restliches Wasser, Salz und Öl dazugeben und alles mit Handrührgerät mit Knethaken in etwa 5 Minuten zu einem glatten Teig verarbeiten. Den Teig zu einer Kugel formen und nochmals zugedeckt an einem warmen Ort gehen lassen, bis er sich sichtbar vergrößert hat.

3 In der Zwischenzeit für die Füllung Frühlingszwiebeln putzen, waschen und in feine Ringe schneiden. Tomaten waschen, abtrocknen, vierteln, die Stängelansätze herausschneiden, Tomaten entkernen und in kleine Würfel schneiden. Champignons und Austernpilze putzen, mit Küchenpapier abreiben und ebenfalls fein würfeln.

4 Petersilie abspülen, trockentupfen, die Blättchen von den Stängeln zupfen und fein hacken. Knoblauch abziehen und fein hacken. Parmesan grob reiben. Die vorbereiteten Zutaten für die Füllung in einer Schüssel mischen und mit Salz und Pfeffer kräftig würzen.

5 Den Teig in etwa 18 gleich große Stücke teilen. Die Teigstücke mit bemehlten Händen zu Kugeln formen und auf der bemehlten Arbeitsfläche zu dünnen, runden Teigplatten (Ø etwa 18 cm) ausrollen.

6 Jeweils 2 Esslöffel Füllung in die Mitte jeder Teigplatte geben, die Platten zu Halbmonden zusammenklappen. Die Teigränder fest zusammendrücken (evtl. mit einer Gabel). Die Mini-Calzone auf 2 mit Backpapier belegte Backbleche legen.

(Fortsetzung Seite 24)

7 Eigelb mit Öl verschlagen und die Oberflächen damit bestreichen. Die Backbleche nacheinander (bei Heißluft zusammen) in den Backofen schieben.

Ober-/Unterhitze: etwa 200 °C (vorgeheizt)
Heißluft: etwa 180 °C (vorgeheizt)
Gas: Stufe 3–4 (vorgeheizt)
Backzeit: etwa 25 Minuten je Backblech.

Für Gäste – vegetarisch – einfach

Austernpilz-Avocado-Carpaccio

50 g Pinienkerne
3 Tomaten
Saft von ½ Limette
Salz
frisch gemahlener Pfeffer
3 EL kaltgepresstes Speiseöl
2 reife Avocados
1 Zwiebel
1 Knoblauchzehe
400 g Austernpilze
2 EL Speiseöl zum Braten
½ Bund Basilikum

Zubereitungszeit: 30 Minuten

Pro Portion:
E: 8 g, F: 39 g, Kh: 5 g,
kJ: 1661, kcal: 397

1 Pinienkerne in einer Pfanne ohne Fett anrösten und auf einem Teller erkalten lassen. Tomaten waschen, halbieren, Stängelansätze herausschneiden und Tomaten in sehr feine Würfel schneiden. Tomatenwürfel mit Limettensaft, Salz, Pfeffer und Öl verrühren.

2 Avocados halbieren, entsteinen, schälen und das Fruchtfleisch in feine Spalten schneiden. Einen großen Teller fächerförmig damit auslegen und die Spalten mit der Tomatenmischung beträufeln.

3 Zwiebel und Knoblauch abziehen und fein würfeln. Austernpilze putzen, evtl. mit Küchenpapier abreiben. Große Pilze evtl. halbieren oder vierteln.

4 Öl zum Braten in der Pfanne erhitzen. Zwiebel- und Knoblauchwürfel darin andünsten. Pilze portionsweise darin anbraten, mit Salz und Pfeffer würzen und dann auf den Avocadospalten anrichten. Basilikum abspülen, trockentupfen und die Blättchen abzupfen. Carpaccio mit Basilikum und den angerösteten Pinienkernen bestreuen und servieren.

Champignongratin

400 g weiße Champignons
400 g braune Champignons
4 Schalotten
30 g Butter
gemahlener weißer Pfeffer
6 EL trockener Weißwein
200 ml Schlagsahne
Salz
Butter für die Form
einige Tropfen Himbeeressig
2 Eigelb
3 EL Crème fraîche
grob gehackte Petersilie

Zubereitungszeit: 45 Minuten
Backzeit: etwa 15 Minuten

Pro Portion:
E: 6 g, F: 25 g, Kh: 5 g,
kJ: 1150, kcal: 274

1 Champignons putzen, mit Küchenpapier abreiben und in gleichmäßige Scheiben schneiden (am besten mit einem Eierschneider). Schalotten abziehen und sehr fein würfeln.

2 Butter in einer großen Pfanne erhitzen und die Schalotten darin glasig dünsten. Die Champignons dazugeben, mit Pfeffer bestreuen und kurz andünsten. Den Wein dazugießen und bei starker Hitze fast ganz einkochen.

3 Sahne hinzufügen, salzen und kurz aufkochen lassen. Die Champignons mit einem Schaumlöffel aus der Sahne nehmen und in eine gebutterte Gratinform geben. Die Sahne bei starker Hitze unter Rühren cremig einkochen.

4 Alles mit etwas Himbeeressig, Salz und Pfeffer würzen und in die Form gießen. Eigelb und Crème fraîche verquirlen, leicht salzen und über die Pilze verteilen. Das Gratin auf dem Rost in den Backofen schieben und überbacken.

Ober/Unterhitze: etwa 220 °C (vorgeheizt)
Heißluft: etwa 200 °C (vorgeheizt)
Gas: Stufe 4–5 (vorgeheizt)
Backzeit: etwa 15 Minuten.

5 Das Gratin mit Petersilie bestreut servieren.

Tipp: *Dazu passt frisches Baguette und ein leichter Roséwein.*

Pilz-Wraps

300 g Putenbrust
3 Frühlingszwiebeln
300 g Austernpilze
2 EL Speiseöl (z. B. Olivenöl)
1 Knoblauchzehe
Salz
frisch gemahlener Pfeffer
4 mittelgroße Tomaten
6–8 Tortilla-Weizenmehl-Fladen
(Wraps, je etwa 45 g)
150 g Schmand oder saure Sahne
1 Kästchen Kresse

Zubereitungszeit: 35 Minuten

Pro Portion:
E: 30 g, F: 17 g, Kh: 53 g,
kJ: 2039, kcal: 484

1 Putenbrust unter fließendem kalten Wasser abspülen und trockentupfen. Fleisch in Streifen schneiden. Frühlingszwiebeln putzen, abspülen, abtropfen lassen und klein schneiden. Austernpilze putzen, mit Küchenpapier abreiben und in Streifen schneiden.

2 Ein Esslöffel von dem Öl in einer Pfanne erhitzen. Fleisch bei starker Hitze kräftig darin anbraten. Frühlingszwiebeln dazugeben und mitdünsten. Knoblauch abziehen, durch eine Knoblauchpresse drücken und zum Fleisch geben. Putenstreifen mit Salz und Pfeffer würzen und aus der Pfanne nehmen.

3 Tomaten waschen, Stängelansätze entfernen und Tomaten in Würfel schneiden. Übriges Öl in die Pfanne geben. Austernpilze darin kräftig braten und mit Salz und Pfeffer würzen.

4 Tortilla-Fladen nach Packungsanleitung erwärmen. Fladen dünn mit Schmand oder saurer Sahne bestreichen. Fleisch, Frühlingszwiebeln, Tomaten, Austernpilze und abgespülte, abgeschnittene Kresse darauf verteilen. Die Fladen aufrollen, schräg halbieren und sofort servieren.

Gegrillte Austernpilze

800 g Austernpilze
½ Topf Basilikum
2 Pck. (je 25 g) TK-Petersilie
Salz
frisch gemahlener weißer Pfeffer
100 ml Speiseöl
6 kleine Tomaten
12 dünne Scheiben Bacon (Frühstücksspeck)
2 EL Balsamico-Essig

Zubereitungszeit: 30 Minuten, ohne Marinierzeit
Grillzeit: etwa 15 Minuten

Pro Portion:
E: 14 g, F: 6 g, Kh: 3 g, kJ: 513, kcal: 122

1 Dicke Austernpilze vom Strunk schneiden und die Pilze mit Küchenpapier abreiben.

2 Basilikum abspülen, trockentupfen, die Hälfte der Blättchen von den Stängeln zupfen, fein hacken und mit der Petersilie vermischen. Die Kräuter mit Salz, Pfeffer und Öl verrühren und die Pilze darin mindestens 30 Minuten marinieren, zwischendurch wenden.

3 Tomaten waschen, abtrocknen, kreuzweise einschneiden und mit den Speckscheiben auf ein mit Alufolie belegtes Backblech legen. Die Austernpilze evtl. trockentupfen, mit Essig beträufeln und ebenfalls auf das Backblech legen.

4 Das Backblech mit Abstand unter den vorgeheizten Grill des Backofens schieben und alles etwa 15 Minuten grillen, bis die Speckscheiben knusprig braun sind. Austernpilze mit Tomaten und Speckscheiben anrichten und mit dem restlichen Basilikum garnieren.

Vorbereitungstipp: *Sie können die Austernpilze auch über Nacht marinieren, dazu die Pilze in der Marinade zugedeckt kalt stellen.*

Tipp: *Die Austernpilze als Beilage zu Fleisch oder als Vorspeise mit Toastbrot reichen.*

Suppen und Eintöpfe

Ob dünn oder dick – diese leckeren Suppen löffelt jeder gern aus.

Hackfleisch-Kartoffel-Topf mit Pfifferlingen

1 Knoblauchzehe
2 Zwiebeln
2 EL Speiseöl
400 g Gehacktes (halb Rind-, halb Schweinefleisch)
1 leicht geh. TL Tomatenmark
1 TL Rosmarinnadeln
½ TL gerebelter Thymian
1 großes Bund Suppengemüse (Porree, Möhren, Sellerie, Petersilie)
750 g mittelgroße fest kochende Kartoffeln
300 g Pfifferlinge
Salz
frisch gemahlener Pfeffer
750 ml (¾ l) Gemüsebrühe
1 Dose stückige Tomaten (Einwaage 400 g)

Zubereitungszeit: 30 Minuten
Garzeit: etwa 25 Minuten

Pro Portion:
E: 26 g, F: 22 g, Kh: 30 g, kJ: 1807, kcal: 431

1 Knoblauch und Zwiebeln abziehen und fein würfeln. Öl in einem Suppentopf erhitzen, Hackfleisch darin braten, dabei größere Klumpen etwas mit einer Gabel zerdrücken. Zwiebeln, Knoblauch, Tomatenmark und Kräuter dazugeben, alles hellbraun anbraten und anschließend herausnehmen.

2 Suppengemüse putzen und waschen, Porree in grobe Ringe schneiden, Möhren und Sellerie schälen und in Stücke schneiden und Petersilie fein hacken, evtl. etwas zum Garnieren zurücklassen.

3 Kartoffeln schälen, abspülen und in Spalten schneiden. Pfifferlinge putzen, evtl. mit Küchenpapier abreiben. Kartoffeln und Suppengemüse im Bratfett andünsten. Pilze dazugeben, alles bei mittlerer Hitze anbraten und mit Salz und Pfeffer würzen. Brühe dazugießen, aufkochen lassen und alles etwa 10 Minuten zugedeckt vorgaren.

4 Dann die Hackmischung und Tomaten dazugeben. Alles nochmals würzen und zugedeckt bei mittlerer Hitze etwa 15 Minuten fertig garen lassen. Vor dem Servieren den Eintopf nochmals mit Salz und Pfeffer abschmecken und evtl. mit etwas Petersilie garnieren.

Eintopf mit Steinpilzen und Grünkern

1 Tüte (10 g) getrocknete Steinpilze
70 g Grünkern (Reformhaus)
1 l Gemüsebrühe
1 Lorbeerblatt
250 g Möhren
350 g Steckrübe
250 g Porree (Lauch)
300 g feines Kalbsbrät
½ Bund glatte Petersilie
Salz
frisch gemahlener Pfeffer
geriebene Muskatnuss

Zubereitungszeit: 40 Minuten

Pro Portion:
E: 21 g, F: 11 g, Kh: 17 g,
kJ: 1129, kcal: 269

1 Steinpilze in ein Sieb geben, kalt abspülen und abtropfen lassen. Grünkern, Gemüsebrühe, Steinpilze und Lorbeerblatt in einen Topf geben und aufkochen lassen, dabei evtl. entstehenden Schaum abschöpfen. Grünkern bei schwacher Hitze etwa 10 Minuten darin köcheln lassen.

2 In der Zwischenzeit Möhren und Steckrübe putzen, schälen, waschen und in 2–3 cm lange Stifte schneiden. Porree putzen, die Stangen längs halbieren, waschen und quer in halbe Ringe schneiden. Möhren- und Steckrübenstifte und Porreeringe mit in den Topf geben und alles weitere 10 Minuten garen.

3 Aus dem Kalbsbrät mit nassen Händen kleine Klöße formen und auf dem Eintopf verteilen. Den Eintopf mit geschlossenen Deckel etwa 10 Minuten fertig garen.

4 In der Zwischenzeit Petersilie abspülen, trockentupfen, die Blättchen von den Stängeln zupfen und in Streifen schneiden. Den Eintopf mit Salz, Pfeffer und Muskat würzen und mit Petersilie bestreuen.

Tipp: *300 g feines Kalbsbrät entsprechen 3 ungebrühten Kalbsbratwürsten.*

Chinesische Pilz-Gemüsebrühe

10–12 getrocknete Shiitakepilze
4 getrocknete Mu-err-Pilze (Baumpilze)
1 große Hähnchenbrust mit Knochen (etwa 400 g)
1 kleines Stück frischer Ingwer
2 Knoblauchzehen
1 rote Chilischote
1–2 EL Miso-Paste (für Brühe, Asia-Laden)
150 g Mie-Nudeln (asiatische Instant-Nudeln)
150 g braune Champignons
2 Möhren
150 g TK-Erbsen
2 Frühlingszwiebeln
½ Bio-Zitrone (unbehandelt, ungewachst)
Sojasauce oder Salz

Zubereitungszeit: 30 Minuten, ohne Quellzeit der Pilze
Garzeit: etwa 30 Minuten

Pro Portion:
E: 25 g, F: 8 g, Kh: 42 g, kJ: 1414, kcal: 336

1 Shiitakepilze nach Packungsanleitung in kaltem Wasser einweichen. Mu-err-Pilze mit kochendem Wasser überbrühen und mindestens 20 Minuten quellen lassen. Anschließend Pilze abgießen, gründlich säubern, putzen und evtl. etwas kleiner schneiden.

2 Fleisch unter fließendem kalten Wasser abspülen und trockentupfen. Ingwer schälen, Knoblauch abziehen und beides fein hacken. Chili entstielen, entkernen, abspülen und in Ringe schneiden.

3 Miso-Paste in einem Topf in 1 l heißem Wasser auflösen. Knoblauch, Ingwer und Chili dazugeben und alles aufkochen lassen. Fleisch und Mu-err-Pilze dazugeben und alles bei schwacher Hitze etwa 25 Minuten köcheln lassen.

4 Nudeln nach Packungsanleitung garen, abgießen und gut abtropfen lassen. Fleisch und Pilze aus der Brühe nehmen und die Brühe durch ein Sieb in einen anderen Topf gießen.

5 Champignons und Shiitakepilze klein schneiden. Möhren putzen, schälen, waschen und in feine Stifte schneiden. Brühe nochmals aufkochen lassen und Pilze, Möhren und Erbsen darin etwa 5 Minuten garen.

6 Frühlingszwiebeln putzen, abspülen und in sehr feine Ringe schneiden. Zitrone abspülen und in Scheiben schneiden. Fleisch von Haut und Knochen lösen und klein schneiden. Nudeln, Fleisch, Frühlingszwiebeln und Zitronenscheiben in die Suppe geben und alles nochmals kurz erhitzen. Die Suppe mit Sojasauce oder Salz abschmecken.

Tipp: *Garnieren Sie die Brühe vor dem Servieren mit einigen Stängeln Kerbel (Foto).*

Italienischer Gemüse-Pilz-Eintopf

1 Fenchelknolle (etwa 250 g)
1 Zwiebel
5 Möhren
250 g grüne Bohnen (frisch oder TK)
300 g gemischte Pilze (Champignons, Pfifferlinge, Austernpilze)
3 EL Olivenöl
jeweils etwas frischer oder getrockneter Thymian und Rosmarin
1 l Gemüsebrühe
Salz
frisch gemahlener Pfeffer
1 kleine Dose geschälte Tomaten (Einwaage 425 g)
150 g Orecchiette (italienische Öhrchennudeln)
2 Knoblauchzehen
150 g Erbsen (frisch oder TK)

Zubereitungszeit: 30 Minuten
Garzeit: etwa 25 Minuten

Pro Portion:
E: 14 g, F: 9 g, Kh: 43 g, kJ: 1327, kcal: 317

1 Fenchel putzen, waschen und halbieren. Stielansatz herausschneiden und Fenchel in Streifen schneiden. Zwiebel schälen und in Würfel schneiden. Möhren putzen, schälen, waschen und in Streifen schneiden. Frische Bohnen abfädeln, abspülen und in Stücke schneiden. Pilze putzen und mit Küchenpapier abreiben. Große Pilze evtl. halbieren.

2 1 Esslöffel von dem Öl in einem großen Topf erhitzen. Zwiebelwürfel darin andünsten. Fenchel, Möhren, Kräuter und Bohnen dazugeben und kurz mit andünsten.

3 Brühe dazugießen, aufkochen lassen und mit Salz und Pfeffer würzen. Alles etwa 10 Minuten bei schwacher Hitze köcheln lassen. Tomaten mit Flüssigkeit dazugeben, Eintopf aufkochen lassen und weitere 10 Minuten köcheln lassen.

4 Nudeln nach Packungsanleitung in reichlich kochendem Salzwasser bissfest garen, dann abgießen, kurz kalt abspülen und gut abtropfen lassen.

5 Übriges Öl in einer Pfanne erhitzen, Knoblauch abziehen, durch eine Knoblauchpresse drücken und kurz darin andünsten. Pilze im heißen Knoblauchöl unter Wenden etwa 4 Minuten braten und dann mit Salz und Pfeffer würzen.

6 Erbsen, Pilze und vorgegarte Nudeln in den Eintopf geben und nochmals mit Salz und Pfeffer abschmecken. Den Eintopf bei schwacher Hitze weitere 3–5 Minuten köcheln lassen.

Gemischter Pilztopf mit Grießklößchen

500 g mageres Rindfleisch (aus der Schulter)
1 Gemüsezwiebel (etwa 150 g)
2 EL Speiseöl
1 EL Tomatenmark
250 ml (¼ l) Fleischbrühe
150 ml trockener Rotwein, z. B. Burgunder
Salz, frisch gemahlener Pfeffer
1 gestr. TL mittelscharfer Senf
je 100 g kleine weiße und braune Champignons
100 g Austernpilze
100 g frische Pfifferlinge oder Pfifferlinge aus der Dose
1 Pck. TK-Kräuter der Provence

Für die Grießklößchen:
250 ml (¼ l) Milch
20 g Butter oder Margarine
Salz, geriebene Muskatnuss
125 g Hartweizengrieß
1 Ei (Größe M)

200 g Schmand (Sauerrahm)

Zubereitungszeit: 30 Minuten
Garzeit: etwa 50 Minuten

Pro Portion:
E: 34 g, F: 27 g, Kh: 27 g, kJ: 2108, kcal: 503

1 Rindfleisch unter fließendem kalten Wasser abspülen, trockentupfen und in kleine Würfel schneiden. Zwiebel abziehen und fein würfeln.

2 Speiseöl in einem Bräter erhitzen. Fleischwürfel von allen Seiten kräftig darin anbraten. Zwiebelwürfel hinzufügen und ebenfalls darin anbraten. Tomatenmark unterrühren. Die Hälfte der Brühe hinzugießen, zum Kochen bringen und etwa 5 Minuten bei mittlerer Hitze kochen lassen.

3 Restliche Brühe und Wein hinzugießen und mit Salz, Pfeffer und Senf würzen. Die Zutaten zum Kochen bringen und zugedeckt insgesamt etwa 50 Minuten garen, evtl. noch etwas Brühe hinzugießen.

4 Champignons, Austernpilze und Pfifferlinge putzen und mit Küchenpapier abreiben (Pfifferlinge aus der Dose abtropfen lassen). Größere Austernpilze oder Pfifferlinge etwas kleiner schneiden.

5 Nach knapp 40 Minuten der Garzeit Pilze und Kräuter der Provence hinzugeben, zum Kochen bringen und den Pilztopf fertig garen.

6 Für die Grießklößchen Milch mit Butter oder Margarine, Salz und Muskat in einem Topf zum Kochen bringen, dann von der Kochstelle nehmen. Grieß unter Rühren hineinstreuen, zu einem glatten Kloß rühren und noch etwa 1 Minute auf der Kochstelle erhitzen. Den heißen Kloß in eine Schüssel geben und das Ei unterrühren.

7 Aus der Masse mit Hilfe von 2 in heißes Wasser getauchten Teelöffeln kleine Klößchen formen, in kochendes Salzwasser geben und ohne Deckel etwa 5 Minuten gar ziehen lassen.

(Fortsetzung Seite 42)

8 Grießklößchen mit einem Schaumlöffel herausnehmen und in den fertigen Pilztopf geben. Schmand unterrühren oder zu dem Pilztopf reichen.

Traditionell

Würzige Kartoffel-Bohnen-Suppe

300 g Kartoffeln
2 Zwiebeln (etwa 150 g)
1 Dose weiße Bohnenkerne (Abtropfgewicht 500 g)
2–3 EL Speiseöl
4 Salbeiblätter
1 l Gemüsebrühe
Salz
frisch gemahlener Pfeffer
200–300 g Pfifferlinge
150 g frische Steinpilze
100 g Cabanossi

Zubereitungszeit: 20 Minuten
Garzeit: etwa 30 Minuten

Pro Portion:
E: 14 g, F: 15 g, Kh: 30 g, kJ: 1330, kcal: 317

1 Kartoffeln waschen, schälen, abspülen und in Würfel schneiden. Zwiebeln abziehen und fein würfeln. Bohnen in ein Sieb geben, kurz kalt abspülen und abtropfen lassen.

2 Zwei Esslöffel von dem Öl in einem großen Topf erhitzen. Zwiebel- und Kartoffelwürfel darin andünsten. Bohnen und Salbei hinzugeben und unter Rühren kurz mit andünsten.

3 Brühe hinzugießen und alles mit Salz und Pfeffer würzen. Die Zutaten zum Kochen bringen und zugedeckt etwa 30 Minuten bei schwacher Hitze köcheln lassen.

4 Pfifferlinge und Steinpilze putzen und mit Küchenpapier abreiben. Große Pfifferlinge und Steinpilze halbieren. Cabanossi in Scheiben schneiden, in einer Pfanne knusprig anbraten und herausnehmen. Pfifferlinge und Steinpilze im Bratfett (evtl. noch 1 Esslöffel Öl hinzufügen) kräftig anbraten und mit Salz und Pfeffer würzen.

5 Pilze und Cabanossi in die Suppe geben und kurz mitköcheln lassen. Suppe vor dem Servieren nochmals mit Salz und Pfeffer abschmecken.

Pfifferlingssuppe mit Kerbel

400 g Pfifferlinge
1 l Fleisch- oder Gemüsebrühe
30 g Butter
1 EL Weizenmehl
2 Eigelb
3 EL Crème fraîche
Salz
frisch gemahlener Pfeffer
2 EL gehackte Kerbelblättchen

Zubereitungszeit: 20 Minuten
Garzeit: etwa 10 Minuten

Pro Portion:
E: 4 g, F: 16 g, Kh: 4 g,
kJ: 725, kcal: 173

1 Pfifferlinge putzen, mit Küchenpapier abreiben und klein schneiden. Pilze in die kochende Brühe geben, zum Kochen bringen und etwa 5 Minuten ziehen lassen. Pilze aus der Brühe nehmen und beiseite stellen.

2 Butter in einem Topf zerlassen und Mehl unter Rühren so lange darin erhitzen, bis es hellgelb ist. Die Pilzbrühe nach und nach hinzugießen und mit einem Schneebesen durchschlagen, dabei darauf achten, dass keine Klumpen entstehen.

3 Suppe zum Kochen bringen und etwa 5 Minuten kochen lassen. Pfifferlinge hinzufügen und darin erhitzen.

4 Topf von der Kochstelle nehmen. Eigelb mit Crème fraîche verschlagen und die Suppe damit legieren (binden), dazu die Mischung in die Suppe rühren. Die Suppe dann nicht mehr erhitzen, mit Salz und Pfeffer würzen und Kerbelblättchen darüber streuen.

Salate

Von einfach und schnell bis raffiniert und für Gäste – Salate sind immer beliebt.

Würziger Spätzle-Pfifferlings-Salat

2 l Gemüsebrühe
Salz
200 g Spätzle

Für die Vinaigrette:
1 Stange Porree (Lauch, 250 g)
3–4 EL Speiseöl
175 ml Gemüsebrühe
3 EL Balsamico-Essig
1 TL körniger Senf
frisch gemahlener Pfeffer

300 g Pfifferlinge oder Champignons
200 g geräucherter Putenbrust-Aufschnitt
200 g kleine Cocktailtomaten
1 Bund Petersilie

Zubereitungszeit: 40 Minuten

Pro Portion:
E: 19 g, F: 12 g, Kh: 37 g,
kJ: 1420, kcal: 340

1 Gemüsebrühe mit etwas Salz in einem großen Topf aufkochen lassen, Spätzle darin nach Packungsanleitung garen, dann abtropfen lassen und kurz mit kaltem Wasser abschrecken.

2 Für die Vinaigrette in der Zwischenzeit Porree putzen, längs halbieren, waschen und in sehr feine Streifen schneiden. 2 Esslöffel von dem Öl in einer Pfanne erhitzen, Porree darin andünsten und Brühe dazugießen. Essig, körnigen Senf, Salz und Pfeffer unterrühren. Spätzle mit der Vinaigrette mischen und abkühlen lassen.

3 Pfifferlinge oder Champignons putzen und mit Küchenpapier abreiben. Große Pfifferlinge evtl. halbieren. Putenbrust-Aufschnitt in Streifen schneiden. Cocktailtomaten abspülen und vierteln. Petersilie abspülen, trockentupfen und die Blättchen von den Stängeln zupfen.

4 Übriges Öl in der Pfanne erhitzen, Pilze darin unter Wenden etwa 4 Minuten kräftig braten. Pilze mit Salz und Pfeffer würzen und herausnehmen. Petersilie, Pilze, Putenbruststreifen und Tomatenstücke unter die Spätzle mischen. Den Salat nochmals mit Salz, Pfeffer und evtl. etwas Essig abschmecken.

Weißkohlsalat mit Shiitakepilzen

400 g Weißkohl
Salzwasser
250 g Shiitakepilze
5 EL Speiseöl

Für die Salatsauce:
2 EL Himbeeressig
1–2 EL Honig
5 EL Walnussöl
Salz
frisch gemahlener Pfeffer
1 EL Sojasauce

2 Frühlingszwiebeln

Zubereitungszeit: 30 Minuten, ohne Durchziehzeit

Pro Portion:
E: 2 g, F: 25 g, Kh: 16 g, kJ: 1213, kcal: 289

1 Weißkohl putzen, waschen, den Strunk herausschneiden, Kohl in feine Streifen schneiden. Salzwasser zum Kochen bringen und die Weißkohlstreifen 2 Minuten blanchieren, in ein Sieb geben und abtropfen lassen.

2 Pilze putzen, mit Küchenpapier abreiben, halbieren und etwa 5 Minuten in Öl anbraten. Pilze und Kohlstreifen mischen.

3 Für die Salatsauce Essig mit Honig und Öl verrühren und mit Salz, Pfeffer und Sojasauce würzen.

4 Frühlingszwiebeln putzen, waschen, in feine Ringe schneiden und in die Sauce geben. Pilze und Kohlstreifen dazugeben und die Zutaten gut vermischen. Den Salat etwa 1 Stunde kalt stellen und durchziehen lassen.

Tipp: *Dazu schmeckt Vollkornbrot.*

Blattsalat mit Parmesan-Pilzen

Für das Dressing:
1 Schalotte
4 EL Balsamico-Essig
Salz, frisch gemahlener Pfeffer
1 Prise Zucker, 1 TL milder Dijon-Senf
3 EL Speiseöl (z. B. Olivenöl)

2 kleine Köpfe Blattsalat (z. B. Lollo Rossa oder Bionda, Frisée, Eichblattsalat, Römersalat oder Radicchio)
4 mittelgroße Tomaten

Für die Kräutercreme:
200 g Schmand oder saure Sahne
2 EL gemischte TK-Kräuter
1 kleine Knoblauchzehe

75 g frischer Parmesan im Stück
1 TL Rosmarinnadeln
abgeriebene Schale von ½ Zitrone (unbehandelt, ungewachst)
3–4 EL Semmelbrösel, 1 Ei
400 g große Austernpilze
2–3 EL Sonnenblumenöl
125 g Parmaschinken in hauchdünnen Scheiben

Zubereitungszeit: 30 Minuten

Pro Portion:
E: 21 g, F: 31 g, Kh: 18 g,
kJ: 1827, kcal: 436

1 Für das Dressing Schalotte abziehen und sehr fein würfeln. Schalottenwürfel mit Essig, Salz, Pfeffer, Zucker und Senf in einer Salatschüssel verrühren und Öl darunter schlagen.

2 Salate verlesen, abspülen, trockenschleudern und in mundgerechte Stücke zupfen. Tomaten abspülen, Stängelansätze entfernen und Tomaten in Spalten schneiden.

3 Für die Kräutercreme Schmand oder saure Sahne mit Salz, Pfeffer und Kräutern verrühren. Knoblauch abziehen, durch eine Knoblauchpresse drücken und dazugeben.

4 Parmesan fein reiben. Rosmarinnadeln fein hacken. Parmesan mit Rosmarin, Zitronenschale und Semmelbröseln auf einem großen flachen Teller mischen. Ei mit etwas Salz, Pfeffer und 2 Esslöffeln Wasser auf einem tiefen Teller verquirlen.

5 Austernpilze putzen. Sonnenblumenöl in einer großen Pfanne erhitzen. Pilze zuerst in Ei, dann in der Semmelbrösel-Mischung wenden und anschließend im heißen Öl von beiden Seiten knusprig braten.

6 Salat mit dem Dressing mischen und mit Tomaten, Schinkenscheiben und Pilzen auf Tellern anrichten. Kräutercreme dazu reichen.

Salat mit Champignons, Zuckerschoten und Lachs

250 g Champignons
125 g Zuckerschoten
200 g Räucherlachs
1 Becher (150 g) Crème fraîche
Saft von 1 Zitrone
1 Prise Zucker
Salz
frisch gemahlener Pfeffer

Zum Garnieren:
1 Bund Kerbel
1 TL rosa Pfefferbeeren

Zubereitungszeit: 30 Minuten

Pro Portion:
E: 15 g, F: 15 g, Kh: 6 g,
kJ: 904, kcal: 217

1 Champignons putzen, mit Küchenpapier abreiben und in Scheiben schneiden.

2 Zuckerschoten putzen, Enden abschneiden, evtl. halbieren. Anschließend Schoten in kochendes Salzwasser geben und wieder zum Kochen bringen, 1 Minute kochen lassen (blanchieren) und in ein Sieb abgießen. Zuckerschoten in kaltes Wasser tauchen (damit sie ihre Farbe behalten) und zum Abtropfen in ein Sieb geben.

3 Räucherlachs in Würfel schneiden. Crème fraîche mit Zitronensaft, Zucker, Salz und Pfeffer würzen und auf den Tellern verteilen. Restliche Salatzutaten darauf anrichten und mit Kerbelblättchen und rosa Pfeffer garnieren.

Asiatischer Pilz-Glasnudel-Salat

100 g Glasnudeln
1 Salatgurke
150 g Möhren

Für die Sauce:
1 kleines Stück Ingwer
1 Knoblauchzehe
3 Limetten
2 EL Essig
4–5 EL Speiseöl
2–3 EL Sojasauce
1 Prise Zucker
1 Msp. Sambal Oelek
150 g Shiitakepilze
150 g Austernpilze
3 Frühlingszwiebeln
75 g Sprossen (z. B. Mungobohnen-sprossen)
Salz

Zubereitungszeit: 30 Minuten, ohne Kühlzeit

Pro Portion:
E: 4 g, F: 11 g, Kh: 37 g, kJ: 1119, kcal: 266

1 Glasnudeln nach Packungsanleitung in Wasser garen, abgießen und und mit kaltem Wasser abschrecken. Gurke nach Belieben schälen, dann halbieren, entkernen und in 1 cm breite Streifen schneiden. Möhren schälen, putzen, abspülen und in feine Streifen schneiden.

2 Für die Sauce Ingwer und Knoblauch schälen und sehr fein hacken. Limetten auspressen. Saft mit Essig, 3 Esslöffeln von dem Öl, Sojasauce, Zucker, Ingwer, Knoblauch und Sambal Oelek zu einer Vinaigrette verrühren. Nudeln, Gurke und Möhren untermischen und den Salat etwa 30 Minuten kalt stellen.

3 In der Zwischenzeit Pilze putzen und mit Küchenpapier abreiben. Große Pilze in grobe Streifen schneiden. Frühlingszwiebeln putzen, abspülen und klein schneiden. Sprossen verlesen, waschen und abtropfen lassen. Sprossen in kochendem Wasser etwa ½ Minute blanchieren und abtropfen lassen.

4 Übriges Öl in einer Pfanne erhitzen. Shiitake- und Austernpilze darin kräftig anbraten. Sprossen, Frühlingszwiebeln und Pilze unter den Salat mischen. Alles nochmals mit Sojasauce und evtl. Salz abschmecken.

Lauwarmer Linsen-Pilz-Salat

knapp 500 ml (½ l) Gemüsebrühe
75 g rote Linsen
3 Frühlingszwiebeln
75 g magerer Frühstücksspeck (Bacon) in dünnen Scheiben
5–6 EL Balsamico-Essig
2 TL körniger Senf
Zucker
Salz
frisch gemahlener Pfeffer
1 kleiner Kopf Salat (z. B. Frisée)
500 g gemischte Wild- oder Kulturpilze (z. B. Pfifferlinge, Champignons, Steinpilze, Kräutersaitlinge)
2 EL Speiseöl (z. B. Olivenöl)
1 Knoblauchzehe
½ Bund frische Kräuter (z. B. Petersilie, Basilikum oder Kerbel)

1 kleiner säuerlicher Apfel (z. B. Cox Orange)

Zubereitungszeit: 40 Minuten

Pro Portion:
E: 12 g, F: 7 g, Kh: 16 g, kJ: 764, kcal: 183

1 Brühe zum Kochen bringen, Linsen einstreuen und 8–10 Minuten bei schwacher Hitze garen.

2 In der Zwischenzeit Frühlingszwiebeln putzen, abspülen und in Ringe schneiden. Speck in einer heißen Pfanne knusprig braten und herausnehmen. Essig ins Bratfett gießen. Senf, Zucker, Salz und Pfeffer einrühren. Frühlingszwiebeln und Linsen (evtl. mit restlicher Brühe) untermischen.

3 Salat putzen, abspülen und gut abtropfen lassen. Salat in mundgerechte Stücke zupfen. Pilze putzen und mit Küchenpapier abreiben.

4 Öl in einer Pfanne erhitzen, Knoblauch abziehen, durch eine Knoblauchpresse drücken und darin anbraten. Pilze im Knoblauchöl unter Wenden bei starker Hitze etwa 5 Minuten braten und mit Salz und Pfeffer würzen.

5 Kräuter abspülen, trockentupfen und fein hacken. Apfel waschen, nach Belieben schälen und in feine Spalten schneiden. Apfelspalten, Pilze und Kräuter unter die Linsen heben. Linsensalat mit Blattsalat und Speckscheiben anrichten.

Mit Fleisch, mit Fisch und vegetarisch

Abwechslungsreiche und raffinierte Hauptgerichte für jeden Geschmack.

Hähnchenfilets in Pilz-Marsala-Sauce

½ Zitrone
2 große doppelte Hähnchenbrustfilets mit Haut (ohne Knochen, je etwa 325 g)
Salz
frisch gemahlener Pfeffer
3 Zwiebeln
250 g Pfifferlinge
400 g braune Champignons
1 EL Speiseöl zum Braten
1 TL gerebelter Thymian
125 ml (⅛ l) halbtrockener Marsala (Süßwein)
150 ml Schlagsahne

Zubereitungszeit: 20 Minuten
Garzeit: 45–50 Minuten

Pro Portion:
E: 38 g, F: 30 g, Kh: 5 g, kJ: 1988, kcal: 475

1 Zitrone schälen und in dünne Scheiben schneiden. Scheiben in einer Auflaufform verteilen. Hähnchenbrustfilets gründlich unter kaltem Wasser abspülen, mit Küchenpapier trockentupfen und mit Salz und Pfeffer einreiben. Filets auf den Zitronenscheiben verteilen. Die Form auf dem Rost in den Backofen schieben.

Ober/Unterhitze: etwa 200 °C (vorgeheizt)
Heißluft: etwa 180 °C (vorgeheizt)
Gasherd: Stufe 3–4 (vorgeheizt)
Garzeit: etwa 20 Minuten.

2 In der Zwischenzeit Zwiebeln abziehen und in Spalten schneiden. Pilze putzen, evtl. mit Küchenpapier abreiben. Große Pilze halbieren oder vierteln.

3 Öl in einer großen Pfanne erhitzen. Zwiebeln darin anbraten. Pilze dazugeben. Alles mit Thymian würzen, bei starker Hitze unter Wenden etwa 5 Minuten kräftig anbraten und mit Salz und Pfeffer würzen. Gut die Hälfte des Marsala dazugießen und kurz aufkochen lassen. Sahne ebenfalls dazugießen.

4 Auflaufform aus dem Ofen nehmen, die Pilze um die Hähnchenbrustfilets verteilen und restlichen Marsala über die Filets gießen. **Alles bei gleicher Backofeneinstellung weitere 25–30 Minuten fertig garen.**

Tipp: *Dazu schmecken Kartoffelkroketten, Bandnudeln oder eine Langkorn-Wildreis-Mischung.*

Pilzpfanne mit Speck

250 g Champignons
250 g Austernpilze
250 g Shiitakepilze
3–4 EL Speiseöl
75 g durchwachsener Räucherspeck
1 Zwiebel
Salz
frisch gemahlener Pfeffer
1–2 EL Wein- oder Kräuteressig
1 Bund Frühlingszwiebeln

Zubereitungszeit: 30 Minuten

Pro Portion:
E: 9 g, F: 14 g, Kh: 11 g,
kJ: 843, kcal: 202

1 Pilze putzen, mit Küchenpapier abreiben und größere Pilze in Stücke schneiden. Öl in einer großen Pfanne erhitzen, Räucherspeck in Würfel schneiden, knusprig darin ausbraten und herausnehmen.

2 Zwiebel abziehen, würfeln und ebenfalls in dem Fett andünsten. Pilze portionsweise darin anbraten, mit Salz und Pfeffer bestreuen und Essig dazugeben.

3 Frühlingszwiebeln putzen, waschen, in schräge Scheiben schneiden und zu den Pilzen geben. Alles mit wenig Salz und reichlich frisch gemahlenem Pfeffer würzen und mit den zurückgelassenen Speckwürfeln bestreuen.

Beilagentipp: *Bandnudeln oder Semmelknödel, oder die Pilzpfanne zu gegrilltem Fleisch servieren.*

Wildschwein-Geschnetzeltes mit Waldpilzen

50 g getrocknete gemischte Waldpilze
(oder 300 g frische gemischte Pilze)
200 ml Wasser
800 g Fleisch von der Wildschweinkeule
2 Zwiebeln
1 kleines Bund Suppengemüse (Porree, Möhren, Sellerieknolle)
5–6 Wacholderbeeren
2 EL Butterschmalz
1 EL Weizenmehl
1 EL Tomatenmark
Salz
frisch gemahlener Pfeffer
150 ml Gemüse- oder Fleischbrühe
250 ml (¼ l) trockener Rotwein
100 ml Schlagsahne

Zubereitungszeit: 20 Minuten, ohne Einweichzeit
Garzeit: etwa 40 Minuten

Pro Portion:
E: 47 g, F: 25 g, Kh: 12 g, kJ: 2091, kcal: 499

1 Getrocknete Pilze in Wasser etwa 2 Stunden einweichen (frische Pilze putzen und mit Küchenpapier abreiben). Fleisch kurz unter fließendem kalten Wasser abspülen, trockentupfen und in Streifen schneiden.

2 Zwiebeln abziehen und in schmale Spalten schneiden. Suppengemüse putzen, waschen und klein schneiden. Wacholderbeeren grob zerdrücken.

3 Butterschmalz in einem Schmortopf erhitzen. Fleisch darin portionsweise kräftig anbraten, wieder in den Topf geben, Mehl darüber streuen und kurz andünsten. Tomatenmark, Zwiebeln und Suppengemüse dazugeben und mit anbraten.

4 Wacholderbeeren dazugeben und alles mit Salz und Pfeffer würzen. Brühe, Wein und Einweichwasser der Pilze dazugießen und aufkochen lassen. Alles zugedeckt bei schwacher Hitze insgesamt etwa 40 Minuten schmoren.

5 Nach etwa 30 Minuten Schmorzeit die Pilze dazugeben und fertig garen. Geschnetzeltes mit Sahne verfeinern und nochmals mit Salz und Pfeffer abschmecken.

Tipp: *Bestellen Sie das Fleisch am besten bei Ihrem Metzger vor. Ideal für dieses Gericht ist zartes Fleisch von jungen Wildschweinen oder Frischlingskeule. Fleisch von älteren Tieren ist kräftiger im Geschmack. Um den intensiven Wildgeschmack zu mildern, das Fleisch über Nacht in Buttermilch einlegen.*

Beilage: *Servieren Sie dazu Rosenkohl und Spätzle.*

Austernpilz-Paprika-Pfanne

400 g Austernpilze
je 1 rote, grüne und gelbe Paprikaschote (etwa 400 g)
200 g durchwachsener Speck
20 g Butterschmalz
4 Frühlingszwiebeln
250 ml (¼ l) Fleischbrühe
1 Kartoffel
Salz
frisch gemahlener Pfeffer
1 EL gehackte Petersilie

Zubereitungszeit: 25 Minuten
Garzeit: etwa 10 Minuten

Pro Portion:
E: 9 g, F: 39 g, Kh: 10 g, kJ: 1959, kcal: 468

1 Austernpilze putzen, mit Küchenpapier abreiben und in dünne Streifen schneiden. Paprika halbieren, entstielen, entkernen, die weißen Scheidewände entfernen, Schoten waschen und in feine Streifen schneiden.

2 Speck in kleine Würfel schneiden. Butterschmalz in einer großen Pfanne zerlassen und die Speckwürfel darin ausbraten. Frühlingszwiebeln putzen, waschen, in Ringe schneiden und in dem Speckfett glasig dünsten lassen. Pilzstreifen und Paprikastreifen hinzufügen und 3–5 Minuten mitdünsten lassen.

3 Brühe hinzugießen und alles zum Kochen bringen. Kartoffel schälen, abspülen, auf einer Küchenreibe reiben und hinzufügen. Das Gemüse in etwa 8 Minuten garen lassen und mit Salz und Pfeffer würzen.

4 Petersilie über das Gemüse streuen und die Pfanne servieren.

Beilage: *Dazu schmeckt Reis.*

Pfifferlings-Steak-Auflauf

4 dünne Scheiben Schweinenackensteak ohne Knochen (je 150–175 g)
300 g Zwiebeln
300 g Pfifferlinge
2 EL Speiseöl
1 Dose stückige Tomaten (Einwaage 825 g)
1 kleiner Stängel Rosmarin
Salz
frisch gemahlener Pfeffer

500 g Kartoffeln
50 g geriebener Hartkäse (z. B. mittelalter Gouda, frischer Parmesan)
20 g Semmelbrösel
1 TL abgeriebene Schale von 1 Bio-Zitrone (unbehandelt, ungewachst)

Zubereitungszeit: 30 Minuten
Garzeit: etwa 85 Minuten

Pro Portion:
E: 42 g, F: 32 g, Kh: 29 g, kJ: 2426, kcal: 579

1 Fleisch kurz unter fließendem kalten Wasser abspülen und trockentupfen. Zwiebeln abziehen und in feine Ringe schneiden. Pfifferlinge putzen und mit Küchenpapier abreiben. Große Pfifferlinge evtl. halbieren.

2 Öl in einer großen Pfanne erhitzen, Zwiebeln und Pilze darin unter Wenden etwa 5 Minuten braten. Tomaten und Rosmarin dazugeben und mit Salz und Pfeffer würzen. Alles bei schwacher Hitze etwa 3 Minuten köcheln lassen.

3 Fleisch und die Pilz-Tomaten-Mischung nacheinander in eine große Auflaufform schichten und die Form mit Alufolie zudecken. Die Form auf dem Rost in den vorgeheizten Backofen schieben.

Ober-/Unterhitze: etwa 200 °C (vorgeheizt)
Heißluft: etwa 180 °C (vorgeheizt)
Gas: Stufe 3–4 (vorgeheizt)
Garzeit: etwa 75 Minuten.

4 In der Zwischenzeit Kartoffeln waschen, in reichlich Salzwasser kochen, abkühlen lassen, pellen und in dünne Scheiben schneiden. Form nach 75 Minuten herausnehmen und Alufolie entfernen. Kartoffeln dachziegelartig auf den Auflauf schichten. Käse mit Semmelbröseln und Zitronenschale mischen und darüber streuen.

5 Den Auflauf wieder in den Backofen schieben und **bei gleicher Backofeneinestellungen etwa 10 Minuten überbacken.**

Puten-Pilz-Gulasch

750 g Putenfleisch aus der Keule (ohne Knochen)
Salz
frisch gemahlener Pfeffer
Paprikapulver edelsüß
3 EL Speiseöl
1–2 EL Tomatenmark
200 ml Geflügelbrühe oder -fond
½ Bund Thymian
200 g Champignons
200 g Austernpilze
150 g frische Pfifferlinge (oder aus der Dose)
1 TL grüne Pfefferkörner
1 TL rosa Pfefferbeeren

Zubereitungszeit: 10 Minuten
Garzeit: etwa 40 Minuten

Pro Portion:
E: 42 g, F: 13 g, Kh: 2 g, kJ: 1288, kcal: 308

1 Putenfleisch unter fließendem kalten Wasser abspülen, trockentupfen, in Würfel schneiden und mit Salz, Pfeffer und Paprika bestreuen.

2 Speiseöl in einem Bräter erhitzen. Fleischwürfel von allen Seiten kräftig darin anbraten. Tomatenmark unterrühren. Brühe oder Fond hinzugießen, zum Kochen bringen und zugedeckt bei schwacher Hitze insgesamt etwa 40 Minuten garen, dabei ab und zu umrühren.

3 In der Zwischenzeit Thymian abspülen und trockentupfen (einige Zweige zum Garnieren beiseite legen). Champignons, Austernpilze und Pfifferlinge putzen, mit Küchenpapier abreiben, evtl. Pfifferlinge aus der Dose in einem Sieb gut abtropfen lassen.

4 Die Pilze, Thymian und Pfefferkörner nach etwa 30 Minuten Garzeit zum Gulasch geben und weitere 10 Minuten mitgaren lassen. Alles nochmals mit den Gewürzen abschmecken.

5 Das Puten-Pilz-Gulasch mit den beiseite gelegten Thymianzweigen und Pfefferbeeren garniert servieren.

Beilage: *Spätzle oder Spiralnudeln.*

Lamm und Pilze aus dem Wok

1 kleines Stück Ingwer
1 Knoblauchzehe
1 Stange Porree (Lauch)
150 g Möhren
200 g Shiitakepilze
200 g Champignons
100 g Austernpilze
100 g Zuckerschoten
300 g Lammfilet (ausgelöster Rücken)
1–2 EL Speiseöl (z. B. Sonnenblumen- oder Sojaöl)
Sojasauce
2 EL dunkles Sesamöl
2–3 EL Limettensaft
½–1 TL Sambal Oelek

Zubereitungszeit: 40 Minuten

Pro Portion:
E: 21 g, F: 12 g, Kh: 12 g, kJ: 962, kcal: 230

1 Ingwer schälen und auf der Küchenreibe fein reiben. Knoblauch abziehen und fein hacken. Porree putzen, gründlich waschen, abtropfen lassen und in feine Ringe schneiden. Möhren putzen, schälen, abspülen und klein schneiden.

2 Pilze putzen, mit Küchenpapier abreiben und in Streifen oder Scheiben schneiden. Zuckerschoten putzen und waschen.

3 Lammfilet evtl. kurz unter fließendem kalten Wasser abspülen, trockentupfen und in feine Scheiben schneiden.

4 Speiseöl in einem Wok oder einer großen Pfanne erhitzen. Fleisch darin kurz und kräftig anbraten und herausnehmen. Ingwer mit Knoblauch, Porree, Möhren, Zuckerschoten und Pilzen im Bratfett bei starker Hitze unter Wenden etwa 5 Minuten braten und anschließend mit Sojasauce würzen.

5 Alles mit Sesamöl, Limettensaft und Sambal Oelek würzig abschmecken. Fleisch wieder dazugeben und kurz erhitzen.

Beilage: *Basmati-Reis.*

Fischfilets mit Pfifferlings-Mandel-Sauce

300 g Pfifferlinge
1 Knoblauchzehe
2 Schalotten
600–800 g feste, magere Fischfilets (z. B. Seelachs)
3 EL Speiseöl
Salz
frisch gemahlener Pfeffer
3–4 EL Zitronensaft

200 ml Gemüsefond (aus dem Glas)
1–2 EL Mandelmus (aus dem Glas, Reformhaus)
1 Becher (150 g) Crème légère (15 % Fett)
½ Bund glatte Petersilie

Zubereitungszeit: 45 Minuten

Pro Portion:
E: 35 g, F: 17 g, Kh: 4 g, kJ: 1352, kcal: 324

1 Pfifferlinge putzen und mit Küchenpapier abreiben. Große Pfifferlinge evtl. halbieren. Knoblauch und Schalotten abziehen. Schalotten fein würfeln.

2 Fischfilet unter fließendem kalten Wasser abspülen und trockentupfen. 1 Esslöffel von dem Öl in eine Pfanne geben und erhitzen. Fischfilets darin von beiden Seiten braten, mit Salz und Pfeffer würzen, herausnehmen und warm stellen.

3 Restliches Öl in die Pfanne geben und erhitzen. Knoblauch durch eine Knoblauchpresse drücken, in die Pfanne geben und andünsten. Schalotten und Pfifferlinge dazugeben und unter Wenden kräftig anbraten. Anschließend alles mit Salz, Pfeffer und Zitronensaft würzen.

4 Fond dazugießen und Mandelmus einrühren. Alles bei starker Hitze etwa 3 Minuten einkochen lassen, dann Crème légère unterrühren und nochmals mit Salz und Pfeffer abschmecken. Petersilie waschen, trockentupfen, Blättchen von den Stängeln zupfen und klein hacken.

5 Gebratene Filets mit der Pfifferlings-Mandel-Sauce, Petersilie und evtl. Baguette auf Tellern anrichten.

Beilage: *Dazu passt grüner Salat mit Vinaigrette.*

Tipp: *Anstelle von Gemüsefond können Sie auch etwas eingekochte Gemüsebrühe verwenden.*

Champignon-Wirsing-Gemüse mit Lachs

600 g Wirsing
1 Zwiebel
500 g Champignons (frisch, TK oder aus der Dose)
2 EL Butter
200 g Schmand oder Crème fraîche
50 ml Gemüsebrühe
Salz
frisch gemahlener Pfeffer
2–3 TL körniger Senf
250–300 g Räucherlachs in Scheiben

Zubereitungszeit: 20 Minuten
Garzeit: etwa 20 Minuten

Pro Portion:
E: 22 g, F: 26 g, Kh: 4 g, kJ: 1425, kcal: 341

1 Wirsing vom Strunk befreien, welke Blätter entfernen. Wirsing waschen, abtropfen lassen und in sehr feine Streifen schneiden. Zwiebel abziehen und in Würfel schneiden.

2 Champignons putzen, mit Küchenpapier abreiben und vierteln (Dosenchampignons abtropfen lassen).

3 1 Esslöffel von der Butter in einer Pfanne erhitzen, Zwiebelwürfel und Champignons bei starker Hitze unter Wenden kräftig anbraten und anschließend aus der Pfanne nehmen.

4 Wieder 1 Esslöffel Butter in das Bratfett geben und erhitzen. Wirsingstreifen darin anbraten und unter gelegentlichem Wenden bei mittlerer Hitze etwa 8 Minuten dünsten.

5 In der Zwischenzeit Schmand oder Crème fraîche mit Brühe, Salz, Pfeffer und Senf glatt rühren und dann unter den Wirsing mischen. Wirsing zugedeckt weitere 10–15 Minuten schmoren lassen.

6 Lachs in feine Streifen schneiden. Lachs und Pilze unter das Wirsinggemüse heben und nochmals kurz erhitzen. Das Gemüse mit Salz und Pfeffer abschmecken.

Beilage: *Servieren Sie dazu Bandnudeln.*

Porree-Pfifferlings-Fisch

1 Stange Porree (Lauch, 200 g)
3–4 Möhren (250 g)
250 g Pfifferlinge
600–800 g feste, magere Fischfilets (z. B. Seelachs)
Salz
frisch gemahlener Pfeffer
2 TL abgeriebene Schale von 1 Bio-Zitrone (unbehandelt, ungewachst)
2 EL Speiseöl
1 EL Crème fraîche
75 g geriebener Gouda

Zubereitungszeit: 25 Minuten
Garzeit: etwa 30 Minuten

Pro Portion:
E: 37 g, F: 13 g, Kh: 3 g, kJ: 1216, kcal: 291

1 Porree putzen, gründlich waschen und abtropfen lassen. Porree in Ringe schneiden. Möhren putzen, schälen, abspülen und in feine Stifte schneiden. Pfifferlinge putzen und mit Küchenpapier abreiben. Große Pfifferlinge evtl. halbieren.

2 Fischfilets unter fließendem kalten Wasser abspülen und trockentupfen. Filets mit Salz, Pfeffer und Zitronenschale würzen und in eine gebutterte Form legen.

3 Öl in einer beschichteten Pfanne erhitzen. Möhrenstifte, Pfifferlinge und Porree darin unter Wenden etwa 4 Minuten bei starker Hitze anbraten und anschließend mit Salz und Pfeffer würzen. Crème fraîche unterrühren.

4 Die Pilz-Gemüse-Mischung auf dem Fisch verteilen und Käse darüber streuen. Die Form auf dem Rost in den Ofen schieben.

Ober-/Unterhitze: etwa 200 °C (vorgeheizt)
Heißluft: etwa 180 °C (vorgeheizt)
Gas: Stufe 3–4 (vorgeheizt)
Garzeit: etwa 30 Minuten.

5 Filets und Gemüse herausnehmen und auf Tellern anrichten.

Beilage: *Dazu schmecken Pellkartoffeln oder knuspriges Baguette.*

Steinpilz-Crespelle

15–20 g getrocknete Steinpilze
125 ml (⅛ l) lauwarmes Wasser

150 g Weizenmehl
200 ml Milch
½ TL Salz
3 Eier (Größe M)

750 g frischer Spinat oder Mangold
(ersatzweise 300 g TK-Blattspinat)
frisch gemahlener Pfeffer
geriebene Muskatnuss
150 g Cocktailtomaten
125 g Ricotta (ital. Frischkäse, ersatzweise
Doppelrahm-Frischkäse)

50 ml Mineralwasser mit Kohlensäure
4–5 TL Speiseöl zum Braten
150 g Gorgonzola-Käse

Zubereitungszeit: 45 Minuten,
ohne Einweich- und Teigquellzeit
Backzeit: etwa 15 Minuten

Pro Portion:
E: 26 g, F: 30 g, Kh: 31 g,
kJ: 2097, kcal: 501

1 Steinpilze in lauwarmem Wasser nach Packungsanleitung einweichen. Anschließend Pilze abgießen, dabei 100 ml Einweichwasser auffangen. Ein Drittel der Pilze fein hacken.

2 Mehl mit Milch, Pilz-Einweichwasser, Salz und Eiern mit Handrührgerät mit Rührbesen gut verrühren. Dann den Teig zugedeckt etwa 30 Minuten quellen lassen.

3 Inzwischen Spinat oder Mangold verlesen, abspülen und abtropfen lassen oder TK-Spinat auftauen lassen. Einen großen Topf erhitzen, Spinat oder Mangold darin tropfnass unter Rühren zusammenfallen lassen, mit Salz, Pfeffer und Muskat würzen, aus dem Topf nehmen und gut abtropfen lassen.

4 Tomaten abspülen, abtrocknen und vierteln. Spinat ausdrücken, grob hacken und mit Ricotta verrühren, Tomaten und die ungehackten Pilze untermischen und alles mit Salz und Pfeffer würzen.

5 Mineralwasser und gehackte Pilze unter den Crespelle-Teig rühren. Eine mittelgroße Pfanne erhitzen und pro Crespelle (Pfannkuchen) etwa ½ Teelöffel Öl darin erhitzen. Aus dem Teig nacheinander bei mittlerer Hitze 8–10 dünne Crespelle backen.

6 Eine Auflaufform fetten, die Spinatfüllung auf den Crespelle verteilen, Crespelle aufrollen und nebeneinander in die Form legen. Gorgonzola zerbröckeln und darüber streuen. Die Form auf dem Rost in den Backofen schieben und überbacken, bis der Käse geschmolzen ist.

Ober-/Unterhitze: etwa 200 °C (vorgeheizt)
Heißluft: etwa 180 °C (vorgeheizt)
Gas: Stufe 3–4 (vorgeheizt)
Backzeit: etwa 15 Minuten.

Pfifferlingsgulasch

500 g Pfifferlinge
2–3 Schalotten
30 g Butter
1 EL Olivenöl
Paprikapulver edelsüß
1 TL Zitronensaft
Salz
frisch gemahlener Pfeffer
20 g Weizenmehl
250 ml (¼ l) Schlagsahne
1 TL gehackter Kerbel

Zubereitungszeit: 45 Minuten

Pro Portion:
E: 3 g, F: 29 g, Kh: 6 g,
kJ: 1262, kcal: 301

1 Pfifferlinge putzen und mit Küchenpapier abreiben. Schalotten abziehen und in kleine Würfel schneiden. Butter in einer großen Pfanne zerlassen und Olivenöl mit erhitzen. Schalottenwürfel darin andünsten. Pfifferlinge portionsweise darin kräftig anbraten und mit Paprikapulver, Zitronensaft, Salz und Pfeffer würzen.

2 Mehl mit etwas von der Sahne anrühren. Restliche Sahne zu den Pfifferlingen geben und zum Kochen bringen. Angerührte Sahne-Mehl-Mischung einrühren und unter vorsichtigem Rühren aufkochen lassen. Kerbel unterrühren und alles nochmals mit den Gewürzen abschmecken.

Beilage: *Semmelknödel, Kartoffeln oder Baguette.*

Tipp: *Außerhalb der Pilzsaison können Sie Pfifferlinge aus der Dose oder andere frische Pilze, z. B. Champignons, Kräutersaitlinge oder Austernpilze verwenden.*

Pilzlasagne

Für die Pilzsauce:
60 g Butter
3 Knoblauchzehen, 3 Zwiebeln
400 g braune Champignons
350 g Stein- oder Austernpilze
120 g Knollensellerie
300 ml Pilzfond (aus dem Glas)
100 ml Schlagsahne
1 EL Zitronensaft
3 Stängel Thymian
1 Stängel Rosmarin
1 Salbeiblatt
20 g Butter
1 EL Weizenmehl
Salz, frisch gemahlener Pfeffer

Für die helle Sauce:
300 ml Milch, 1 Ei (Größe M)
1 EL Weizenmehl
geriebene Muskatnuss
gerebelter Thymian

Außerdem:
200 g grüne Bohnen
400 g Lasagneblätter
150 g geriebener Edamer-Käse

Zubereitungszeit: 45 Minuten
Garzeit: etwa 45 Minuten

Pro Portion:
E: 31 g, F: 41 g, Kh: 58 g,
kJ: 3111, kcal: 744

1 Für die Pilzsauce Butter in einem großen Topf zerlassen. Knoblauch und Zwiebeln abziehen, fein würfeln und darin andünsten. Pilze putzen, mit Küchenpapier abreiben und in Scheiben schneiden. Knollensellerie putzen, schälen, waschen und in feine Würfel schneiden. Pilze und Selleriewürfel zu den Zwiebel- und Knoblauchwürfeln geben und mit andünsten. Pilzfond, Sahne und Zitronensaft dazugeben und alles aufkochen lassen.

2 Thymian, Rosmarin und Salbei abspülen und trockentupfen. Die Blättchen oder Nadeln von den Stängeln zupfen. Butter mit Mehl verkneten, kleine Kugeln formen und zum Binden unter Rühren zur Pilz-Sellerie-Sauce geben. Thymian, Rosmarin und Salbei dazugeben und die Sauce mit Salz und Pfeffer würzen.

3 Für die helle Sauce Milch mit Ei und Mehl in einem Topf verrühren und unter Rühren aufkochen lassen, bis sie dicklich wird. Die Sauce mit Salz, Pfeffer, Muskat und Thymian abschmecken.

4 Von den Bohnen die Enden abschneiden, Bohnen evtl. abfädeln, waschen und abtropfen lassen. Bohnen in eine große, rechteckige, gefettete Auflaufform legen. Die Hälfte der hellen Sauce darauf geben, mit Lasagneblättern bedecken, die Hälfte der Pilzsauce darauf geben, wieder mit Lasagneblättern bedecken. Restliche Pilzsauce darauf verteilen, mit den restlichen Lasagneblättern belegen. Restliche helle Sauce als letzte Schicht darauf geben. Die Lasagne mit Käse bestreuen und die Form auf dem Rost in den Backofen schieben.

Ober-/Unterhitze: etwa 200 °C (vorgeheizt)
Heißluft: etwa 180 °C (nicht vorgeheizt)
Gas: Stufe 3–4 (nicht vorgeheizt)
Garzeit: etwa 45 Minuten.

Tofu-Pilz-Pfanne

200 g Tofu
2 EL Sojasauce
100 g Zuckerschoten
125 ml (⅛ l) Gemüsebrühe
200 g Sojabohnenkeimlinge
200 g Shiitakepilze
1 Chilischote
3 EL Sesamöl
30 g Butter
2 Knoblauchzehen
Salz
frisch gemahlener Pfeffer

Zubereitungszeit: 30 Minuten

Pro Portion:
E: 15 g, F: 20 g, Kh: 13 g,
kJ: 1204, kcal: 287

1 Den Tofu abtropfen lassen, in etwa 1½ cm große Würfel schneiden, mit Sojasauce beträufeln und durchziehen lassen.

2 In der Zwischenzeit die Zuckerschoten waschen und die Enden abschneiden. Die Brühe erhitzen, die Zuckerschoten darin 3–4 Minuten garen, abgießen und die Brühe auffangen.

3 Die Sojabohnenkeimlinge verlesen und waschen. Die Shiitakepilze putzen, mit Küchenpapier abreiben und die dicken, unteren Stiele entfernen. Die Pilze in Streifen schneiden.

4 Die Chilischote halbieren, entkernen, die Schote waschen und in Streifen schneiden. Sesamöl und Butter in einem Wok oder einer großen Pfanne erhitzen und die Pilzstreifen unter Rühren darin andünsten.

5 Den Knoblauch abziehen, durch eine Knoblauchpresse drücken, zu den Pilzstreifen geben, salzen und pfeffern. Chilischotenstreifen, Zuckerschoten, Sojabohnenkeimlinge und Brühe dazugeben, umrühren und noch etwa 5 Minuten garen.

6 Die Tofuwürfel mit der Sojasauce hinzufügen, einige Minuten miterhitzen und die Pfanne nochmals abschmecken.

Beilage: *Dazu schmeckt Vollkornreis.*

Champignon-Zucchini-Auflauf

750 g Zucchini
250 g rote Paprikaschoten
500 g Champignons
2 EL Butter oder Margarine
Salzwasser
1 Topf Basilikum

4 Eier (Größe M)
50 ml Milch
1 Becher (150 g) Crème fraîche
Salz
frisch gemahlener Pfeffer
geriebene Muskatnuss
1–2 Knoblauchzehen
100 g geriebener mittelalter Gouda

Zubereitungszeit: 30 Minuten
Garzeit: etwa 40 Minuten

Pro Portion:
E: 22 g, F: 34 g, Kh: 9 g,
kJ: 1809, kcal: 434

1 Zucchini waschen, Enden abschneiden und Zucchini in Scheiben schneiden. Paprikaschoten halbieren, entstielen, entkernen, die weißen Scheidewände entfernen, die Schoten waschen und in dünne Streifen schneiden.

2 Champignons putzen, mit Küchenpapier abreiben und in dicke Scheiben schneiden. Butter oder Margarine in einem großen Topf zerlassen, die Zucchini- und Champignonscheiben kurz darin andünsten.

3 Die Paprikastreifen 1–2 Minuten in kochendem Salzwasser blanchieren und abtropfen lassen. Basilikum abspülen, trockentupfen, die Blättchen abzupfen und in feine Streifen schneiden. In eine gefettete Auflaufform abwechselnd Champignon- und Zucchinischeiben, Paprikastreifen und Basilikum einschichten.

4 Eier mit Milch und Crème fraîche verrühren und mit Salz, Pfeffer und Muskat kräftig würzen. Knoblauch abziehen, durch eine Knoblauchpresse drücken und unterrühren. Die Eiermilch über das Gemüse geben, Gouda darüber streuen und die Auflaufform auf dem Rost in den Backofen schieben.

Ober-/Unterhitze: etwa 200 °C (vorgeheizt)
Heißluft: etwa 180 °C (nicht vorgeheizt)
Gas: Stufe 3–4 (nicht vorgeheizt)
Garzeit: etwa 40 Minuten.

Spaghetti mit Pilzsauce

Für die Pilzsauce:
750 g Champignons
100 g Schinkenspeck
1 Zwiebel
1 Knoblauchzehe
3–4 EL Olivenöl
Salz
frisch gemahlener Pfeffer
1 Becher (150 g) Crème fraîche
125 ml (⅛ l) Schlagsahne
80 g geriebener Parmesankäse
2 EL fein geschnittener Schnittlauch
2 EL gehackte glatte Petersilie
einige gehackte Basilikumblättchen

Für die Nudeln:
3 l kochendes Wasser
3 gestr. TL Salz
400 g Spaghetti
1–2 EL Butter

Nach Belieben zum Garnieren:
etwas fein geschnittener Schnittlauch
etwas gehackte glatte Petersilie
einige gehackte Basilikumblättchen

Zubereitungszeit: 35 Minuten

Pro Portion:
E: 22 g, F: 54 g, Kh: 73 g,
kJ: 3797, kcal: 906

1 Für die Sauce Champignons putzen, mit Küchenpapier abreiben und in Scheiben schneiden. Schinkenspeck in Streifen schneiden. Zwiebel und Knoblauch abziehen und würfeln.

2 Olivenöl in einem Topf erhitzen, Speckstreifen, Zwiebel- und Knoblauchwürfel darin andünsten, Champignonscheiben hinzufügen und unter Rühren dünsten, bis die Flüssigkeit fast verdampft ist, und mit Salz und Pfeffer würzen.

3 Crème fraîche mit Sahne und Käse verrühren, zu den Champignonscheiben geben und unter Rühren aufkochen lassen. Schnittlauch, Petersilie und Basilikumblättchen unterrühren. Sauce mit Salz und Pfeffer abschmecken.

4 Für die Nudeln Wasser in einem großen, geschlossenen Topf zum Kochen bringen. Dann Salz und Spaghetti hinzugeben. Die Spaghetti im geöffneten Topf bei mittlerer Hitze nach Packungsanleitung kochen lassen, dabei gelegentlich umrühren.

5 Anschließend die Spaghetti in ein Sieb geben, mit heißem Wasser abspülen und abtropfen lassen. Butter zerlassen. Spaghetti darin schwenken und mit der Pilzsauce servieren. Nach Belieben die Spaghetti mit Schnittlauch, Petersilie und Basilikumblättchen garnieren.

Tipp: *Statt Schinkenspeck können Sie auch 200 g gekochten Schinken verwenden.*

Pilzragout mit Semmelknödeln

Für das Pilzragout:
1 kg frische gemischte Pilze
(Champignons, Austernpilze, Pfifferlinge)
2 kleine Zwiebeln
½ Bund Thymian
2 EL Speiseöl
Salz
frisch gemahlener Pfeffer
1 Becher (150 g) Crème fraîche

Für die Semmelknödel:
6 Brötchen vom Vortag
250 ml (¼ l) Milch
2 Eier (Größe M)
25 g Speisestärke
1 Pck. (25 g) gehackte TK-Petersilie
Salz
geriebene Muskatnuss

Zum Anbraten:
75 g Butter oder Margarine

Zubereitungszeit: 50 Minuten
Garzeit: etwa 25 Minuten

Pro Portion:
E: 19 g, F: 38 g, Kh: 46 g,
kJ: 2539, kcal: 608

1 Für das Pilzragout Pilze putzen, mit Küchenpapier abreiben und größere Pilze etwas klein schneiden. Zwiebeln abziehen und fein würfeln. Thymian abspülen, trockentupfen und Blättchen von den Stängeln zupfen.

2 Zwiebelwürfel und Pilzstücke in Öl kräftig anbraten, mit Salz, Pfeffer und Thymian würzen, Crème fraîche hinzufügen und alles zugedeckt etwa 10 Minuten bei schwacher Hitze köcheln lassen.

3 Für die Semmelknödel in der Zwischenzeit Brötchen in Würfel schneiden und in eine große Schüssel geben. Milch erwärmen, die Würfel damit übergießen und etwa 5 Minuten einweichen lassen. Eier, Speisestärke und Petersilie hinzufügen und alles kräftig verkneten. Mit Salz und Muskatnuss würzen.

4 Aus der Masse 12 kleine Knödel formen und in siedendem Wasser 12–15 Minuten ziehen lassen. Danach die Knödel herausnehmen, abtropfen lassen, in einer Pfanne mit Butter oder Margarine anbraten und mit dem Pilzragout servieren.

Tipp: *Anstelle der angegebenen Pilze können natürlich auch andere Sorten verwendet werden, z. B. Steinpilze oder Maronenröhrlinge.*
Semmelknödel können auch als Fertigprodukt gekauft werden, die Menge richtet sich nach der Personenzahl und Packungsangabe. Frische Champignons und Pfifferlinge können auch durch Pilze aus der Dose ersetzt werden.

Gefüllte Champignons auf Salbeinudeln

12–16 große Champignons
1 Schalotte
30 g Butter
2 EL Semmelbrösel
125 g geriebener Käse (z. B. Emmentaler)
Salz
frisch gemahlener Pfeffer
1 Bund glatte Petersilie
125 ml (⅛ l) Gemüsebrühe

Für die Nudeln:
2 l Wasser
2 gestr. TL Salz
250 g Vollkornnudeln

einige Salbeiblätter
20 g Butter

Zubereitungszeit: 40 Minuten
Garzeit: etwa 15 Minuten

Pro Portion:
E: 22 g, F: 23 g, Kh: 46 g,
kJ: 2114, kcal: 504

1 Champignons putzen, mit Küchenpapier abreiben, die Stiele aus den Köpfen lösen und klein schneiden. Schalotte abziehen und fein würfeln. Butter zerlassen, Pilzstücke und Schalottenwürfel darin andünsten.

2 Semmelbrösel unterrühren, mit Käse vermengen und mit Salz und Pfeffer würzen. Petersilie abspülen, abtropfen lassen, Blättchen von den Stängeln zupfen und fein hacken. Petersilie hinzufügen und die Masse in die Champignonköpfe füllen.

3 Die Pilze nebeneinander in eine gefettete Auflaufform setzen und die Brühe dazugießen. Die Form auf dem Rost in den Backofen schieben.

Ober-/Unterhitze: etwa 220 °C (vorgeheizt)
Heißluft: etwa 200 °C (vorgeheizt)
Gas: Stufe 4–5 (vorgeheizt)
Garzeit: etwa 15 Minuten.

4 Für die Nudeln in der Zwischenzeit Wasser in einem großen, geschlossenen Topf zum Kochen bringen. Dann Salz und Nudeln dazugeben. Die Nudeln im geöffneten Topf bei mittlerer Hitze nach Packungsanleitung bissfest kochen, dabei gelegentlich umrühren. Anschließend Nudeln in ein Sieb geben, mit heißem Wasser abspülen und abtropfen lassen.

5 Salbeiblätter abspülen, abtropfen lassen und grob hacken. Butter zerlassen, Salbeiblätter und Nudeln darin schwenken. Salbeinudeln mit Champignons anrichten.

Alphabetisches Register

Themenregister

Vorspeisen und Snacks

Suppen und Eintöpfe

Salate

Mit Fleisch, mit Fisch und vegetarisch

Umwelthinweis: Dieses Buch und der Einband wurden auf chlorfrei gebleichtem Papier gedruckt. Die Einschrumpffolie – zum Schutz vor Verschmutzung – ist aus umweltfreundlichem und recyclingfähigem PE-Material.

Wenn Sie Anregungen, Vorschläge oder Fragen zu unseren Büchern haben, rufen Sie uns unter folgender Nummer an 0521 155-2580 oder 5206-51 oder schreiben Sie uns:
Dr. Oetker Verlag KG, Am Bach 11, 33602 Bielefeld
oder besuchen Sie uns im Internet unter www.oetker.de.

Redaktion: Sabine Puppe

Titelfoto: Thomas Diercks, Hamburg
Innenfotos: Hans-Joachim Schmidt, Hamburg (S. 4/5, 8, 15, 19, 29, 35, 37, 39, 43, 46, 51, 55, 57, 58, 63, 67, 71, 73, 75, 77, 79)
Thomas Diercks, Hamburg (S. 13, 21, 23, 25, 32, 49, 53, 85, 89, 93)
Ulli Hartmann, Bielefeld (S. 41, 69, 81, 91)
Norbert Toelle, Bielefeld (S. 31, 45, 61, 87)
Brigitte Wegner, Bielefeld (S. 11, 17, 27, 83)
Bernd Wohlbemuth, Hamburg (S. 65)

Foodstyling: Anke Rabeler, Berlin
Requisite: Natalie Rutard, Hamburg

Rezeptentwicklung und -beratung: Susanne Legien-Raht, Hamburg

Nährwertberechnungen: Nutri Service, Hennef

Grafisches Konzept: kontur:design, Bielefeld
Gestaltung: kontur:design, Bielefeld
Titelgestaltung: kontur:design, Bielefeld

Satz: Typografika, Bielefeld
Reproduktionen: Fotolito Longo, Bozen/Italien
Druck und Bindung: Mohn media Mohndruck GmbH, Gütersloh

ISBN 3–7670–0748-7